「100年インタビュー」保存版

時は待ってくれない

小田和正

PHP文庫

JN124092

○本表紙図柄＝ロゼッタ・ストーン（大英博物館蔵）
○本表紙デザイン＋紋章＝上田晃郷

時は待ってくれないから、目いっぱい走った。
でも、本当にがんばろうと思っている人には、
時はきっと待ってくれる。

「時は待ってくれないから、急げ」ということじゃなく、
何かを一生懸命やろう、
何かをスタートするということが大事なんだ。

本当にやりたいなと素直に思うことがあるならば、
時はきっと待ってくれる。

夢を追いかける人のために、時は待っていてくれる。

時は待ってくれない…目次

語り手＝小田和正《おだかずまさ》

聞き手＝阿部《あべ》 渉《わたる》

プロローグ

過ごしてきた時間をふりかえって

——聖光学院のグラウンドで

――小田さん、よろしくお願いします。今日は晴れてよかったです。

楽しくやりましょう。風は強いけどね。

――風、ありますね。小田さんは、中学・高校と六年間、ここ神奈川県横浜市の聖光学院で野球部に所属。キャプテンだったんですよね。練習中にも歌を歌っていたとか……。

そんなときは、やはり風を感じていたのでしょうか。

中学・高校の６年間、野球部に所属。おもにレフトやセンターを守り、グラウンドでは「風を感じていた」と言う（バットを振っているのが本人）。

練習中に歌ってたかな……。当時、覚えた英語の歌なんかを一生懸命思い出しながら、そんなに大声では歌ってないと思うけどね。鼻歌を歌ってたんだろうな。うん、のべつ歌ってたかもしれない。

そして、風を感じてましたねえ。何だったんだろうね。小っちゃいときからだと思うんだけど、ああ、風が吹いてるなあって。

野球部では、レフトやセンターをやったりして、最後はサードになったんだけど、グラウンドでかまえてて、ちょっと体の角度を変えると、風の当たり方が違うから、大きく聞こえたり、ざわざわって聞こえたり……。そんなことを感じながら守ってましたねえ。

――小田さんは、いまも風がお好きですよね。ちなみに、小田さんの曲のなかで、タイトルに「風」が入っている曲を数えてみたら、「風の坂道」「やさしい風が吹いたら」など、少なくとも八つありました。

あ、そう。イヤだね、数えんなよ。

なぜかはわからないけど、さあ、歌詞を書こうと思うと、必ず、とりあえず、空と風が浮かんでくるんだよね。

――空を見て、何かを感じるんですか。

何を感じてるんだろうねえ。いま見ている空が美しいっていうのもあるんだけど、前にもこういう空を見たんだろうなって思うんだろうね。あの日と同じようだけど、あの日といまとは違うんだって、そういうことを考えるタイプなんだよ。

やっぱり、こうやって青い空があって、雲が浮かんでいると、ああ、いいなあとつくづく思うんだよね。

⁂

「東京の空」（作詞・作曲　小田和正　二〇一一年）

自分の生き方で　自分を生きて
多くの間違いを　繰り返してきた
時の流れに乗って　走ったことも

振り返れば　すべてが　同じに見える

あの頃みたいに　君に　優しく　できているかな　今も
いちばん大切なのは　その笑顔　あの頃と　同じ

東京の空は　今日も　高く　すんでいる
君の　住んでいる街は　冬の色ですか

がんばっても　がんばっても　うまくいかない
でも　気づかない　ところで　誰かが　きっと　見てる

あの頃みたいに　君に　優しく　できているかな　今も

いちばん大切なのは　その笑顔　あの頃と　同じ
あの頃みたいに　君に　優しく　できているかな　今も
いちばん大切なのは　その笑顔　あの頃と　同じ

あの頃と同じ

⁂

——今回、小田さんがこのロングインタビューを受けてくださったお気持ちを聞かせていただけますか。

ぼくはインタビューとか、あまり得意じゃないから好きじゃないんだけど、まあ、いい歳になって、中途半端な歳は超えてきたかなと。だから一回くらい、自分の過ごしてきた時間をふりかえって、そのときどきの思いとか、いろんなことをしゃべってもいいかなという、そんな感じでしたね。

——ありがとうございます。いま「いい歳になって」とおっしゃいましたが、小田さんは、今年、七十歳になられますね。でも、昨年の全国ツアーでは二四カ所をまわって三四万人の観客を動員するなど、その精力的な活動を見ていると、本当だろうかという気がしてならないのですが。

年齢ということでいえば、おれも若いころには、自分はいくつくらいまで歌うんだろう、三十歳を過ぎても歌っているんだろうかって思っていた時期があったね。そしたら、三十歳はいけたな。じゃあ、四十歳はどうだろう。五十歳、六十歳はどうだろうって。

それで、六十歳は、「ああ、そうだよな」ってすっと受け入れられたんだけど、七十歳については、言い方はおかしいかもしれないけど、イメージがわかないっていうかね。まあ、ただそこに進んでいくしかないというだけのことなんだろうね。

ただ五十歳を超えて、六十歳を超えてきたようには、七十歳はなかなか超えていかないんじゃないかっていう気持ちはあるな。

――そうですか。私は今年五十歳になるのですが、あまり考えないようにしていても、なんだかこう、気がつくと、いつのまにか年齢を意識させせ

られるというか……。それにつぶされないようにしたいなと思ってはいるのですが。

たしかに、毎年毎年、懸命に向かっていくしかないんだろうね。それで、「ああ、いけた。今年もいけた。ああ、まだ声出るわ」って。ツアーのときも、スタートのときにリハーサルはやるけど、本番で思いきっていって、最後まで歌いきって、で、次の日もある。そこで二日も歌いきれるかどうかというのは、やってみないとわからないからね。まあ、数字的に見ても、七十歳は手ごわいなと思ってるね。

第1章 少年時代にふれた音楽

——歌謡曲から賛美歌まで

――小田さんは一九四七（昭和二十二）年に横浜市の金沢文庫で生まれ、実家は薬局を経営していたそうですが、子どものころはどんな音楽を聞かれていたのでしょうか。

うちのまわりにパチンコ屋さんがいっぱいあってね。そこから流れてくる歌謡曲を聞いてたんじゃないかな。

――たとえば、どんな曲ですか。

1947年9月20日、横浜市金沢区に生まれる。母の膝に抱かれて（右は、兄）。

1951年、4歳のころ。金沢文庫すずらん通りにある小田薬局（当時）の前で家族とともに。

三橋《みはし》美智也さんの「達者でナ」とか、もちろん、ひばりちゃん（美空ひばり）とか、お千代さん（島倉千代子）とか、当時ヒットした歌謡曲は全部、流れてくるのを聞いてましたね。

それで一日の終わりに流れるのは必ず、大津美子《よしこ》さんが歌う「ここに幸あり」っていう曲なんだね。パチンコ屋さんで「ここに幸あり」というのもおかしいんだけど。それがかかって、最後に「蛍《ほたる》の光」がかかるんだよ。それを聞きながら寝たような気がするな。

――小田さんのお母さんが歌ってくれた曲はあるんですか。

それがね、うちのおふくろが歌謡曲を歌ってるのは、一回も聞いたことがないね。ただ、小学校の唱歌とかは好きで、たとえば「菜の花畠《はなばたけ》に　入《いり》日《ひ》薄れ」(「朧《おぼろ》月夜」)とか歌ってたな。

あと、子守歌でよく歌ってたのは「故郷の廃家《はいか》」。「幾年《いくとせ》ふるさと 来てみれば」って始まるいい歌なんだけど、なんだかこの歌はちょっと暗いなと思って聞いていた覚えがある。

――お母さんは、どういう状況で歌っていたんでしょうか。

子守歌を歌って聞かせるというよりも、結構、真剣に歌ってたような気がする。家事をしながら歌っていた記憶もあまりないし。たぶん、鼻歌っぽくなく、真剣に歌ってたね。

――小田さん自身は、そのころどんな歌を歌っていたのでしょう?

小学校がキリスト教系だったのか、毎朝、賛美歌を歌わされたんだけど、いい歌だなと思って歌ってましたね。賛美歌を聞くというより、積極的に歌ってた。

ラジオから流れてくる洋楽はよく聞いてたね。ニール・セダカの「おお！キャロル」とか、ポール・アンカとか、そういうのがすごく好きだったし、映画音楽も好きだった。そうこうしているうちに、ビートルズが出てきたりしてね。当時は「今週の第何位！」みたいなヒットパレードが多かったんだな。そういうのをラジオで聞くのが楽しかった。何でも聞いてましたね。

それで、同級生に好きなやつがいたか何かで影響されて、兄貴が当時のスタンダードを聞くようになって、おれもそれを横で聞いてたわけ。こう

1954年、小学校入学のころ。当時の流行歌を聞くかたわら、学校では熱心に賛美歌を歌っていた。

ラジオから流れる、ニール・セダカ、ポール・アンカ、パット・ブーンなどの洋楽を聞いていたころ。

いうのもいいなと思って、兄貴に内緒でレコードにあわせて歌ったりしてたんだ。

でもそれは歌ってる歌にあわせて歌うだけだから、自分のための伴奏ではないじゃない？　自分のための伴奏で歌ってみたいという気持ちがどこかにあったんだけど、当時はカラオケなんかないからね。

そしたらあるとき、ギターで歌えるらしいという話を聞いたんだ。コードというのがあって、コードを弾けば歌えるんだと。それで、PPM（ピーター・ポール＆マリー。一九六〇年代に大活躍したアメリカのフォークソンググループ）の「パフ」とか、アメリカのフォークソングを聞いて、これなら自分もできるんじゃないのって思ったんだね。

そこから自分で弾いて、自分の伴奏で歌うようになって、いままでは自分が一生懸命音楽に近づいていって、真似して歌ってたのが、自分から音楽をたぐり寄せることができるようになったということだね。

――小田さんと音楽を結びつけたエピソードの一つとして、よく語られるのが、中学生時代に観た映画「ティファニーで朝食を」（一九六一年）の主題歌「ムーン・リバー」との出合いということですが、なぜそんなに衝撃だったんですか。

あれはね、サウンドというか、なんていったってヘンリー・マンシーニ（数々の映画音楽を手がけた作曲家）がつくった曲だから、よくできてたんだ、聞き手の心に届くように。そして、そのサウンドが本当に届いたんだね。主演のオードリー・ヘップバーンが歌えるように、「オクターブ以内」っていったかな、なにしろ狭い音域で曲をつくるというテーマがあって、さすがのヘンリー・マンシーニもさんざん苦労した。でも、最初の「ターンターン」というところができて、すべてが解決したって、そういうかっこいいエピソードがあるんだけど、そのターンターターンにやられちゃったんだね。

――「ムーン・リバー」との出合い、しかもそれが映画音楽だったということが、将来的につながってくるということでしょうか。

そうそう。そのときに、いい音楽だなと思ったのと同時に、映画にこんなふうに音楽をつける仕事もあるのかと驚いたんだよ。それを聞いているおれが感動するような、こんな仕事っていいな、いつかこんな仕事ができたらいいなって思いましたね。

――「ムーン・リバー」しかり、ＰＰＭしかり、昭和歌謡、賛美歌、唱歌など、本当にいろいろな音楽が小田さんのなかに入っているんですね。

うん。ぜんぜん見境《みさかい》なくというか、区別なく聞いてたよね。歌謡曲と賛美歌を同じレベルで聞いてたものね。

第2章 オフコースの原点

——聖光学院のホールステージから

——音楽にのめり込んでいった小田さんが、のちにオフコースで一緒に活動する鈴木康博《やすひろ》さんと、最初は中学受験のために塾に通う電車のなかでお会いになったとか……。

康《やす》とは京浜急行で会ったんだ。

——受験して入学した中学でまた一緒になったんですね。

どこで親が聞いてきたんだか、聖光学院という新しい学校があるから、そこへ行ったらどうだって言われて、受験したんだけど、受かったら康もいて、「なんだ、お前、京浜急行のときの康じゃん」みたいなね。

康とは学校からの帰り道が一緒だったから、一緒に歌ったりしてたんだよ。ビートルズの「恋する二人」とかハモッて、「あ、こいつはハモるな。こいつは歌えるぞ」って思ったりしてね。

――いまは新しいホールになりましたが、高校三年生のときに、聖光学院のホールで学園祭のステージに立たれたんですよね。鈴木さんと、もう一人のオフコースメンバー、地主《じぬし》道夫さんも一緒に。

そうそう。このホールで、おれたちがやる前年の聖光祭のときに、先輩が、たしか四人だったと思うけど、ゴスペルをアカペラで歌ったのよ。それがかっこよかったんだ。それで、来年、あそこのステージに立つのは自分たちだと思って。

——演奏することを、もう決めていたんですか。

うん、決めた。本気で決めた、冗談じゃなく。「よし、あそこに立つぞ」と思った。それで彼らを誘って、おもにブラザース・フォア（一九六〇年代に人気を博したアメリカのフォークソンググループ）の曲を四、五曲、練習したんだ。

聖光祭は二日間あって、初日の午前中っていう、とっても分《ぶ》の悪い時間帯にやることになったんだけど、ぜいたくは言えないし、まあいいやと思って、それに向かってすごい練習をした。

高校3年の学園祭（聖光祭）で演奏を披露する四人（左端が本人）。

ただ、おれのなかでは、おれたちがこんなにがんばっていいことをやろうとしてるのに、初日の午前中だけで終わるわけがないと思ってたの、じつは。

当日は結構うけて、「終わった、終わった。よかった、よかった」って言ってたけど、これで終わるはずはないって本当に思ってたんだよね。

そしたら先生が、「君たちは二日目の閉会式の前に、もう一回演奏しなさい」って。「してください」じゃなくて「しなさい」と言ってくれて、同級生もみんな、「オーッ」と盛り上がったけど、おれはやっぱりなって、ひそかに思ってた。

二日目の閉会式の前だから、お客さんはもう満杯ですよ。しかも、近くの学校の女子もたくさん来ていて。そこでやって、また大うけでね。すばらしい思い出です（笑）。

――ほかの生徒たちは、受験を控えて大変なときですね。当然、小田さんも大変だったと思うんですが。

それはもう、本当は音楽の練習より勉強しなくちゃいけないんだけど、「これが好きだから」っていう理屈があるから。もう好きだっていうことだけだね。

歌って、ハモッた瞬間はすごい楽しくて、何ものにも代えがたいものがある。ちょっと勉強の時間を削ってでもやりたいというくらい、音楽が楽しかったんだね。

――そして、二〇一四年十二月、在校生や先生、卒業生のための新校舎竣《しゅん》工《こう》記念ライブを、新しくなったこのホールでやられたんですね。

依頼されて三日間やったんだよ。大変だったな。

その最後に、在校生の前で「my home town」を歌ったときに、結構グッときちゃってね。いかん、いかんと思って。

――「my home town」は、小田さんがふるさと横浜への思いを歌詞にされた曲ですが、そこでグッときたというのは、母校で歌うということへの思いですか。

まあ、いろいろなことがね。最初の歌詞が、「こゝで夢を見てた、この道を通った」っていう、まさにその場所だったからね。

――いろいろなライブで、小田さんがステージ上でこみ上げている姿を拝見しますが。

わりと、そういうの弱いですね、うん。できるだけクールにいようと思うんだけど、それを誓っても、やっぱり襲ってくるものに負けることがよくあるね。

⁂

「my home town」(作詞・作曲　小田和正　一九九三年)

こゝで夢を見てた　この道を通った
できたばかりの根岸線で　君に出会った

まだ人の少ない　朝の駅のホームで
待ち合わせた短い時　次の電車が来るまで
my home town　my home town
海に囲まれて　こゝで生まれた

僕らの好きだった　あの店も　もう無い

あの頃の横浜は遠く　面かげ残すだけ

my home town　my home town

どんなに変っても　僕の生まれた街

どんなに変っていても

あの頃　こゝは僕らの　特別な場所だった（あの頃　こゝは僕らの）

今でもこゝに来れば　丘の上　僕らがそこにいる

my home town　my home town

海に囲まれて　こゝで生まれた（あの頃僕らは）

my home town　my home town
どんなに離れていても　またいつか来るから

◉後輩たちへのメッセージ――

きっとみんな、
いまの時代、
いまの友達がとっても
大事なときがきますから。
必ずきますから。
いまという時間を、
大切に生きていってほしいと思います。

（二〇一四年十二月二十二日、聖光学院ラムネホールで行われた新校舎竣工記念ライブにて）

第3章 建築と音楽

――ものをつくるということ

――聖光学院を卒業して、小田さんは東北大学で建築を専攻されるわけですよね。その思いは、どういうものだったんでしょうか。

そもそも、高校の途中までは、医学部へ行くつもりでいたんだよ。医者になるつもりで。うちが薬局をやっていたから、兄貴が薬剤師になって、おれが医者になるみたいなことを親が勝手に考えていて、自分もそのつもりでいたんだね。

で、あるとき、学校の先生から、「受験するところを見学しておきなさい」と言われて、千葉大学医学部の附属病院を見学に行った。行ったんだけれども、結構、建物も古かったりして、なんだか陰鬱《いんうつ》で、当時はホルマリンの臭いがしてね。ああ、これ、おれは向いてないな、一生こういうところで働いていけないだろうなと。

それで、見学に行ったその日のうちに、医者をめざすのはやめようと思ったんだ。あっさり、もう本当に迷いなく。で、うちに帰って、おふくろに、「医者はやめた」と。

――お母さんからは何か言われましたか。

おふくろは、「ああ、そうかい」と言ったのね。それで、そこからちょっと考えた。当時、建築がワーッと盛り上がってるときだったから、「これからは建築だ」みたいな感じになったんだね。それに、自分の絵をほめられたこともあったから、建築なら、絵を描くこととも関係あるのかなと思って、「じゃあ、建築をやってみようかな」という気持ちになったわけです。

――大学では、実際に建築の勉強を相当されたのでしょうか。

相当というか、まあ、一般の学生並みに課題設計をいろいろやったり、コンクリートをこねて強度の実験をやったりと、ふつうに授業を受けてましたね。

――建築を学んだことと、音楽における作品づくりには、共通するものがあるのでしょうか。

1966年4月、地主さんとともに東北大学工学部建築学科に進学。東京工業大学に進んだ鈴木さんとは離ればなれになったが、三人の音楽活動は続けられた。

建築は課題でしかやったことがなかったけれど、だいぶあとになって、曲を書きはじめたころ、たぶん二十四、五歳のころに、何もないところから落とし込んでいくということが、ああ、似てるなと思いましたね。

どうにでも始められるんだからね。何から書いてもいいんだ。建築では、まったく何もないところから一本の線をスタートさせる。音楽も、まず何かの音から始めないと始まらないから、似ているところがあるなと。でも、何かをつくるということは、考えてみれば、みんなそうなんだなと思った。

具体的に、自分のなかでとても気持ちが重なったのは、課題設計のときにトイレとか階段をどうするか、まずはアバウトに考えるわけ。ここにはトイレが入りそうだな、とかね。もちろん最終的には、トイレも階段もちゃんと描かなくちゃいけないわけだけど、最後に決めることが多かった。

これを音楽づくりで考えると、たとえば、「ラブ・ストーリーは突然に」

という曲では、サビにいくときに、「たぶん、もうすぐ、雨もやーんでふーたり、たそーがれ」とやって、「あーの日」といくときに、こう音が上がっていくところがある。そこが、どうも最後まではっきり決まらなくて。

そんなふうに、最後に決めればいいやってなることが多かったわけだよね。そうしたら、なんだか、階段とかトイレに似てるなと思って。そこを考えるときの気持ちがね。だから、自分で勝手に、ああ、何かつくるというのは似てるんだなと思いましたね。いまはもう、階段とかトイレとか、あまり思わなくなったけど。

――曲というのは、一連の流れでできていくものではないんですか。どこか残しつつ、できていくものもあるということでしょうか。

いい質問だね。本来はやはり、流れでつくっていくべきだと思うよ。そしたら、もう、その流れで、次はとってもスムーズに、あるいはダイナミックに展開できる。あとからつくると、ああ、もっとやっておけばよかったって思ったりするじゃない。そこに無理やりはめるものをつくらなくちゃいけなかったりもする。

だから、これから残りの時間は、できるだけ、あとでつくる部分を残さないで、流れでいけるようなものをつくりたいなとつくづく思っているんだけどね。

多くの人は、そうやって流れでつくっていると思うよ。おれみたいに理屈をこねて、「ここはおいとこう、ちょっとわかんないから」という人もいるとは思うけど、そのままストレートでつくっている人が多いだろうな。

オフコース時代のアルバム曲づくりではかなり苦しんだことも。

――でも、あとから、そこにうまくはまるようにつくれるというのも才能ですよね。

いや、それで余計なエネルギーを使うことも多いからね。揺るぎなく、こういう流れのなかで最後までたどり着いていくっていうのは、いいと思うな。そういうように、ぜひありたいもんだな。

第4章 プロへの道

——音楽を選んだ理由

――高校卒業後、小田さんと地主さんは東北大学に進んで仙台へ行き、鈴木さんは東京工業大学に入学して東京に残ったわけですが、それでも一緒に練習していたそうですね。

聖光祭が楽しかったから、大学に入ってからも、またそういうことをやろうよって、なんとなく約束したんだね。

――仙台と東京ですから、大変ですよね？

大変だったね。だから、夏休みとかで仙台から帰ってきたときに集中して練習して、どこかのホールを借りてコンサートをやりましたね、毎年。

――その学生時代の総仕上げというのでしょうか、第三回ヤマハ・ライト・ミュージック・コンテスト（一九六九年）に出られたのは。

そんなふうに楽しくバンドはやってきたけれども、そのころはプロになろうなんていう気はさらさらなかったからね。だから、そろそろやめなくちゃいけないなとなったときに、じゃあ、どうやってやめようかと。バンドとしてうまいと言われてたから、おれたちはどれほどうまいのかを確かめる意味で、そのコンテストに出て優勝して、それを記念にやめようって、そんなふうに話し合ったような気がする。もう優勝するって、決めてたんだね。

予選が三回くらいあったんだけど、全部勝ち抜いて、思ったとおりというか、予定どおりに全国大会までいった。

そしたら、赤い鳥というグループがいたんだよね。これがうまかったんだ。これはやばいなと思ったら、案の定《じょう》、こてんぱんにやられて、結局、おれたちは二位だった。

赤い鳥の歌う「竹田の子守唄」を聞いたとき、あんなふうに、ああいう曲をやられたら、ちょっと太刀打《たちう》ちできないなと思ったね。かっこいいという、その上のレベルの、何か心に届いてくる日本の歌だもんね。

これはもう、相当にショックだった。そしたら、何かスッキリしなくなっちゃったわけだ。二位でやめるのかっていうのがね。

大学在学中、鈴木さん、地主さんの二人とジ・オフ・コース（1972年にオフコースとなる）を結成し、第3回ヤマハ・ライト・ミュージック・コンテストに出場。優勝をねらったものの、結果は惜しくも全国2位だった（優勝は赤い鳥）。

――本来は、優勝して音楽をやめるつもりで……。

うん。まあ、優勝して本当にやめたかどうかはわからないけど、なにしろ二位ですから。あそこに負けたままやめるのかという気持ちで、やめるにやめられなくなって続いちゃったから、いつ、どこで、どうプロになったかという、はっきりしたものがないんだよね。

だから、「デビューはいつですか」ってよく聞かれるけど、おれたちのデビューはどこだろうって、いつもわからない。

――コンテストの翌一九七〇年、大学在学中に、当時流行していたフォーク調の曲「群衆の中で」でオフコースはプロデビューを果たしました。でも、デビュー直後に地主さんが脱退し、レコードの売り上げ、ライブでの活動、盛り上がりなども含めて、うまくいっていなかったと聞いています。

全然うまくいってなかったね。とんでもないことがいっぱいあった。でも、つらいという気持ちはなかったね。「ああ、つらいな、つらいな」って、苦節何年とかという気持ちはなくて、もっと音楽を一生懸命やらないと、もっとちゃんとできないといけないんだと思ってた。すべては自分のせいだと、無理やりじゃなくて、つくづくそう思ったからね。

デビュー曲「群衆の中で」のシングル盤ジャケット（1970年4月）。

たとえば、演奏会場で「帰れ」とかよく言われたんだけど、お客さんから「帰れ」って言われるのは、あの当時、ちょっとしたファッションでもあったんだよね。一九七一年の中津川フォークジャンボリー（全日本フォークジャンボリー。一九六九年から七一年にかけて、現在の岐阜県中津川市で三回開かれた）で、吉田拓郎とか岡林信康とかが、「帰れ、帰れ」ってコールされたのは有名な話だね。

でも、おれたちの場合はそうじゃなかった。かぐや姫と同じ事務所だったから、かぐや姫のコンサートで前座みたいなのをやらせてもらって、一緒に連れていってもらったりすることが多かったんだけど、お客さんはかぐや姫を早く見たいから、「なんだかわかんないのは早く引っ込めよ」と思っているわけです。オフコースなんて聞いたこともないし。

そして、あるとき、「じゃあ、最後の曲です」と言ったときに、ワーッて

1971年に地主さんが脱退したあと、鈴木さんと二人で活動するものの、コンサートでは「帰れ」「引っ込め」と言われることも。75年に「眠れぬ夜」がスマッシュヒットするまで苦難が続いた。

拍手がきたわけ。あっ、ちょっとうけたのかなと思ったら、それは、「これが最後で、やっと終わるのか」という拍手だった。
「ああ、そういう拍手じゃん」と思うとつらかったけど、それも受けとめた。ただ、これは親に見せたらかわいそうだなと思ったね。親はちゃんと歌って帰ってきてるんだろうと思うから、「どうだった？」って聞くわけさ。どうだったって、「最後の曲ですって言ったら、拍手がきたよ」とは言えないから、それがつらかったね。親に、そんなこと言えないなという、その気持ちはよく覚えていますね。言えないな、この姿は見せたくないなというね。

——オフコースでプロデビューしたあと、小田さんは早稲田大学の大学院に進んで建築の研究に取り組むという、いわゆる二刀流が続くわけですね。

それは、もう言い訳というか、ちょっとでも長引かせて迷っていようっていう作戦だよね。

——迷っていたんですか。

決められなかったということだね。だからとりあえず、上に行って考えようと。それまでは東北大学という環境しか知らなかったから、東京の私立の環境に行ったときに、建築に対する考え方が変わるかもしれないし、どんな環境なのか、比較もしてみたかった。

それと、その隙に、音楽のほうへ行っちゃおうかなという気持ちもあったね。

――でも、プロとしてデビューしたという事実はあるわけですよね、厳然として。

「ぼくたちプロなんです」っていう、そのへんがとにかく曖昧《あいまい》だよね。

――そこから、しばらく悩みながらの時代が続くわけですね。そして、大学院に入って何年目ですか、修士論文を書かれたのは?

五年目ですね。

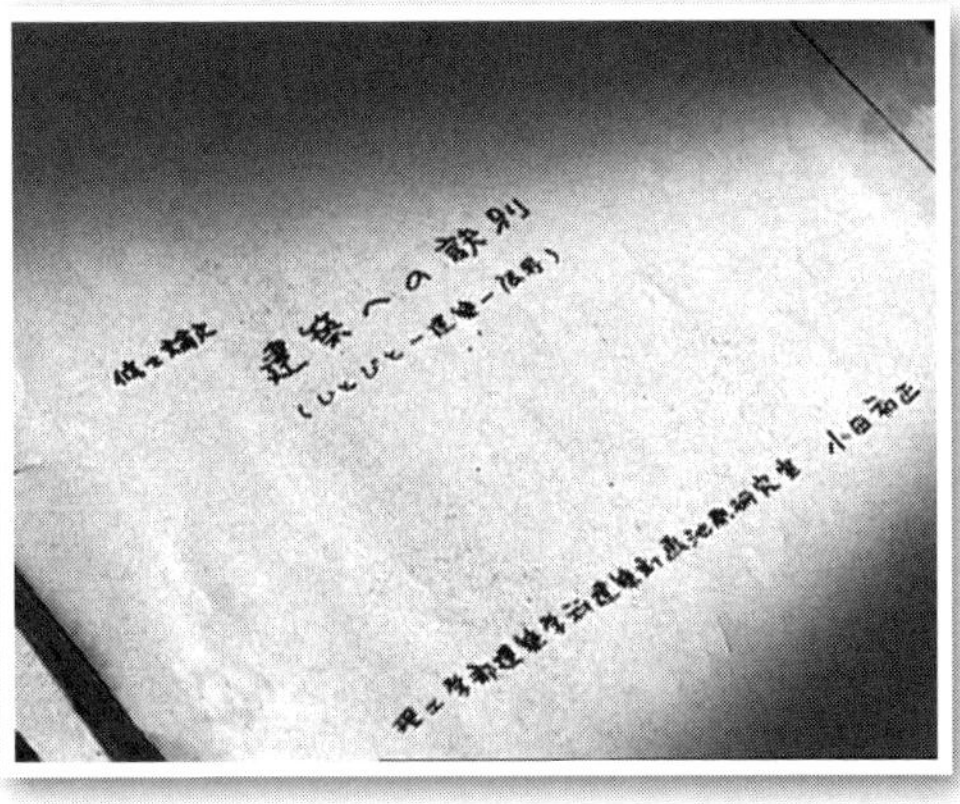

1971年４月、早稲田大学大学院理工学研究科建設工学専攻修士課程に入学し建築学に取り組むも、１年間休学。休学中にオフコースの初アルバムをリリースするなど、プロ歌手と大学院生の〝二刀流〟を続けるなか、「音楽を離れることはできない」という思いでまとめあげた、伝説の修士論文。

——ここで衝撃的な論文を出されたんですよね。これは伝説になっているようですが。

いやいや、伝説にはなっていないけど(笑)、「建築への訣別」という論文を書いたわけだ。もう建築はやめよう、あてもないのにって。ちょっと前にそのころのことを思い出したんだけど、あれを決断させたのは何だったろうといえば、何の根拠もなかったなと思ってね。

——でも、やっと決めたわけですよね、音楽でいくと。なぜ、音楽の道を選んだんですか。

とにかく音楽が好きだったっていう、それしか見当たらないんだよね。

みんなでハモりはじめたときの、「あっ、いいよね、ハモるの」という気持ちとか。それで、音楽を離れることはできないなと思ったんだよ。でも、建築は離れられる。

ただ、建築は、まだそこまで一生懸命やっていないからだったんだと思う。実際に建てはじめたりしていれば、また違う面も見えてくるからね。もちろん、音楽もそうなんだけど。やっぱり、音楽は捨てられないなという消去法みたいな感じだったな。

――そして、試行錯誤も含め、日々を重ねていくうちに、オフコースとしての手応えを感じるようになったのは、どのあたりからでしょうか。

いちばん感じたのが、五人になったときだね。

第5章 五人になったオフコース

——大ヒット曲「さよなら」の先に

「さよなら」（作詞・作曲　小田和正　一九七九年）

もう終りだね　君が小さく見える
僕は思わず君を　抱きしめたくなる
「私は泣かないから　このままひとりにして」
君の頬を涙が　流れては落ちる
「僕等は自由だね」　いつかそう話したね
まるで今日のことなんて　思いもしないで

さよなら　さよなら　さよなら
もうすぐ外は白い冬
愛したのは　たしかに君だけ
そのままの君だけ

愛は哀しいね　僕のかわりに君が
今日は誰かの胸に　眠るかも知れない
僕がてれるから　誰も見ていない道を
寄りそい歩ける寒い日が　君は好きだった
さよなら　さよなら　さよなら
もうすぐ外は白い冬
愛したのは　たしかに君だけ

そのままの君だけ

さよなら　さよなら　さよなら
もうすぐ外は白い冬
愛したのは　たしかに君だけ
そのままの君だけ

さよなら　さよなら　さよなら
もうすぐ外は白い冬
愛したのは　たしかに君だけ
そのままの君だけ

外は今日も雨　やがて雪になって
僕等の心のなかに　降り積るだろう
降り積るだろう

⁂

――一九七〇年代後半、ギターの松尾一彦さん、ドラムスの大間ジローさん、ベースの清水仁《ひとし》さんの三人が加入し、オフコースは本格的なバンド編成に生まれ変わりましたね。

はっきりと「五人のバンドになりました」とは打ち出さなかったから、た

一九七六年、大間ジローさん（ドラムス、右端）、清水仁さん（ベース、中央）、松尾一彦さん（ギター、左から二人目）の三人が加わり、オフコースは大きく飛躍していった。

ぶん、バックバンドのような見え方だったと思うけど、おれはできるだけ一つのバンドとして見せようと思ったんだ。

そこで、余裕が出たね。康と二人でやってたときは、ライブはもう、めいっぱいだった。片方が間違えたら五〇パーセント間違いだということになって、どうにもならないと引きずることも多かったのが、五人いたら、ちょっと間違っても、だれにもわからない。

だから、すごく余裕ができた。五人になったライブは、音も大きいし、表情とか、いろいろなことに大きく影響したね。それと、やっぱりバンドは楽しいしね。そこから、お客さんがつくようになった。二人でやってたら、どうなっていたかわからないけど、だんだん盛り上がっていったのは、五人のバンドになったおかげだったね。

「五人になったライブは、音も大きいし、表情とか、いろいろなことに大きく影響したね。それと、やっぱりバンドは楽しい」

――そして、曲調もいわゆるフォークから、ロック色といったものに変わりましたね。

そうだね。新しく入った三人がロック畑から来たからね。とくにロックをやりたいなと思ったわけじゃないんだけど、たとえばレッド・ツェッペリン（一九六〇年代後半にデビューした伝説のハードロックバンド）とか、全然自分が通ってこなかったジャンルだったから、これはライブには好都合だなと思ったね。

――小田さんの歌い方も変わって。

シャウトしたよね。それまではシャウトしていなかった。大きな声でどう歌っていたのか、覚えてないんだけど。レコーディングしているときに、メンバーがかわりばんこにディレクションしたりしてたんだけど、おれが歌ってたら、ベースの清水がディレクションしてくれて、「小田ちゃん、もっとシャウトせーや」って関西弁で言うんだよ。

「えっ、シャウトしてるよ」って言ったら、「いや、シャウトしてへん。そんなん、シャウト違う」みたいなことを言われて。そこで、歌い方が変わったというか、ちょっと幅ができたね。

バラードでも、本当にシャウトするというね。もちろん、ただただ、がなってもしょうがないし、きれいに歌うことも大事なんだけど、やっぱりステージではシャウトすると聞いている人に伝わるわけ。言葉と一緒になって伝わったんだろうね。

――そして、オフコースの代表曲と言っていいと思いますが、一九七九年に「さよなら」という大ヒットが生まれました。この曲は、小田さんが売れることを意識してつくった曲だと聞いたことがありますが。

ほかでもたびたびしゃべりましたが、ここらで一つ、売れる曲というか、ヒットする曲をと考えていたときに、「さよなら」のトラックをやっていて、なんとなく、「あ、これはちょっと日本人の好きそうな感じのマイナーの方向にいってるな」という感じがあったんだね。

歌詞もできて、スタジオにもっていって歌おうと思ったんだけど、そのときは「さよなら、さよなら」というメロディのところが違う歌詞だったんだよ。さよならしない歌だったんだね。

それでディレクターに、「〝さよなら〟という歌詞を思いついたので書き換えたい。だから、今日は歌えないけどいいかな」って聞いて。せっかくスタジオを押さえて歌う日なのに、歌詞がないのはすごく後ろめたかったからね。

そしたら、ディレクターが、「ああ、いいね、それ」って言ってくれて、「じゃあ、書きなおそう」ということになった。「さよなら、さよなら」という歌詞ができあがったとき、これは売れるんじゃないかという雰囲気みたいなものはあったね。

70万枚を超す大ヒット曲となった「さよなら」のシングル盤ジャケット（1979年12月）。

それで、たしか仙台のコンサートを終えてホテルに帰る途中、タクシーのなかでラジオが流れていて、「さよなら」がかかったんだよね。

「ただいま大ヒット中、オフコースの『さよなら』でした」という番組司会者の言葉を聞いたときに、「ああ、ヒットしたんだ。これだ、こういうことなんだ」と思ったね。

でも、べつにかっこつけてるわけじゃないけど、ワクワクとかそういうのはなかったな。

――やったぜ、みたいなことはなかったんですか。

やったぜもなかったね。ヒットするっていうのはこういうことか、さんざん言われたことを、やっと果たしたかなという感じだった。

ただ、これはおれたちのやりたかった音楽かなあっていう疑問というか、ヒット寄りに書いたという思いがあって、オフコースの代名詞のように言われたりもしたんだけど、あれはおれたち寄りの曲だったのかな、どうなんだろうなと、いまだに、ちょっとね……。

「さよなら」の次に発表した、「生まれ来る子供たちのために」のシングル盤ジャケット（1980年3月）。

――そうなんですね。そこで、次のシングル「生まれ来る子供たちのために」には、そのへんの思いを込められたということでしょうか。

そういうふうに言われてみればというか、ほら、生意気だからね。

柳の下にどじょうは二匹も三匹もいるみたいな、レコード会社的な考え方というか、前のヒット曲と同じような曲は、たぶん、売りやすいというのかな。

ほら、また、これを書いてくれましたよ、みたいな。それが嫌だったんだね、生意気だから。それで、そういうときこそ、みんなが注目してくれているんだから、ちょっと内容の深い、自分が歌いたい、伝えたいことを込めた歌を歌うべきだと思ったんだね。

そんな意味合いもあって、「生まれ来る子供たちのために」のジャケットは文字だけ。これはシングルとして出しておきたい、「さよなら」の次だから出しておきたい、という気持ちが強かったね。

＊＊＊

「生まれ来る子供たちのために」（作詞・作曲　小田和正　一九八〇年）

多くの過ちを　僕もしたように
愛するこの国も　戻れない　もう戻れない
あのひとがそのたびに　許してきたように
僕はこの国の　明日をまた想う

広い空よ　僕らは　今どこにいる
頼るもの　何もない
あの頃へ帰りたい
広い空よ　僕らは　今どこにいる

何を語ろう

君よ　愛するひとを　守り給え
大きく手を拡げて
子供たちを抱き給え
ひとり　またひとり　友は集まるだろう

ひとり　またひとり　ひとり　またひとり
真白な帆を上げて
旅立つ船に乗り
力の続く限り
ふたりでも漕いでゆく
その力を与え給え
勇気を与え給え

⁂

——小田さんの曲のなかでは、国という言葉が入っていたりして、非常にスケールの大きいメッセージソングという感じがします。いまも多くのアーティストがカバーしていますが、やはり、この曲のようなメッセージソングがやりたかったということですか。

ふりかえってみると、康と二人のときも、書いてる曲は、自分としては国に対する気持ちとか、不安とかが中心だったんだよね。もちろん、愛の歌も書いたけど。思えば、それをあの曲のときにやったんだよね、もう一回。

若いから、やっぱり批判的じゃない、国に対しては。いちばん書きたいテーマはそういうことだったのかな、若いときは。愛の歌よりもね。

第6章 オフコースの終焉

――「言葉にできない」想い

「言葉にできない」（作詞・作曲　小田和正　一九八二年）

終わる筈のない愛が途絶えた　いのち尽きてゆくように
ちがう　きっとちがう　心が叫んでる

ひとりでは生きてゆけなくて
また　誰れかを愛している
こころ　哀しくて　言葉にできない

la la la ……　言葉にできない

せつない嘘をついては　いいわけをのみこんで
果たせぬ　あの頃の夢は　もう消えた

誰れのせいでもない
自分がちいさすぎるから
それが　くやしくて　言葉にできない
la la la ……　言葉にできない

あなたに会えて　ほんとうによかった

嬉しくて　嬉しくて　言葉にできない

la la la……　言葉にできない

⁂

――その後も、「Yes-No」「I LOVE YOU」「Yes-Yes-Yes」とヒット曲が続きます。このヒットが続くというプレッシャーとか、当時の心境はどうだったのでしょうか。

これがヒットしたから次もヒットさせなきゃという、みんながよく陥《おちい》るところへは、たぶん、陥っていなかったね。自分が納得していればいいんだから。そう、自分が納得していれば問題ないんだ。

――小田さんの場合は、ご自分の作品を通して、世の中に何かを訴えかけたい、人びとをどうにかしたい、というようなことはないのでしょうか。

うーん、いい質問だね。おれはね、おれと同じ感覚をもっている人とつながりたいっていうことだと思うよ。ああ、そこにもいたんだ、そうだよねって。それでいいということ。伝えるというけど、やっぱり同じ感覚をもっていないと絶対に伝わらないんだよね。

軟弱だって言われたり、めめしいって言われたりすることもあるけど、そういう人にはめめしくしか聞こえなかったものが、ある人にはすごく懐かしかったり、感動的だったりする言葉やフレーズとして伝わるわけだよね。それを重ねているということです。

――コンサートの規模もしだいに大きくなって、一九八二年には、武道館で十日間という、当時としては前代未聞の規模まで行き着きました。ただ、そのあと、当初からのメンバーだった鈴木さんが抜けることになり、結果的に五人での最後のステージとなりましたね。この出来事は、小田さんにとって相当大きかったと思いますが……。

それはもう、大きかったどころか、「あいつやめちゃったら、もうできないじゃん」「ああ、これでおれはやめるんだな」と思ったのね。

オフコースの当初からのメンバーである鈴木さんが、前代未聞といわれた日本武道館10日間コンサート（1982年6月）を最後に脱退することに。「これで終わりだ」と涙する。

――やめるというのは、音楽を？

うん。康がいなくなって、音楽ができるっていうイメージはなかったから。「これで終わりだ」って、武道館の十日間で終わっていくんだと思ったよね。なんか、無念な感じ。まあ、青春な感じだったのかな。

――その後、四人での活動が続きますが、一九八九年、オフコースは多くのファンに惜しまれながら解散しました。小田さんのお気持ちはどうだったのでしょうか。

もちろん、いつまでも仲よくっていうのは理想だけど、おれの持論としては、バンドというのは、いつまでも仲よくできるということはないでしようと。

だって、音楽だからね。たとえば政治とかなら、まあ、政治に妥協がある という言い方はおかしいかもしれないけれども、いちばんこれが無難というか、そういうものを見つけていくわけだよね。でも、妥協点を見つけるわけにはいかないのが音楽なんじゃないかな。

バンドを長く続けようと思ったら、妥協点を探して活動していくしかない。やっぱり、どこかでみんながはっきり同じ方向を向いていないとね。

――長い時間、オフコースとともにあったわけですが、小田さんにとって、オフコースというのはどんな存在だったのでしょうか。

解散した直後だか、活動している最中《さいちゅう》だかにも聞かれたんだけど、そのときには、「オフコースは学校みたいなものだった」と答えてましたね。それはまさに、いっぱい学んだからね。

たとえば、康はいろいろ勉強してたから、コードのこととか、アレンジのこととか教えてもらったし、ロック出身のメンバーからは、どういうことがロックなのかということや歌い方とかね。そして、それをすごく素直に受け入れられた。

本当にみんなで学び合う学校みたいだった。でも、いまとなっては、学

1989年２月、東京ドームでのコンサートを最後にオフコースは解散。

校みたいというよりも、やっぱり、とってもいい思い出だったなあってことかな。

――解散からずいぶん時間がたちましたが、それぞれに経験を重ねたメンバーのみなさんと、もう一度、一緒にやってみたいというお気持ちはあったりしますか。

それはね、やらないほうがいいでしょう。まず、もうそんな時間は残ってないなっていうことと、そういうことをやるんだったら、以前より上にいかないと、おれにとっては意味がないからね。

――上にいくというのはどういうことですか。

上まわる。数字的なことじゃなくてね。うん……たぶんね。

⁂

「さよならは言わない」（作詞・作曲　小田和正　二〇〇九年）

ずっと　楽しかったね　あの頃　まわりの　すべてが
やさしく　いつも　僕らを　つつんでいるように見えた
語り合って　語り尽くして　あてもなく　さがしてた

その道は　果てしなく　どこまでも　どこまでも

悲しみは　やがて　消えることを　知った
喜びは　いつまでも
輝き続けることも

戦い続けた　わけじゃない
流されて来たとも　思わない
追いかけた　夢の　いくつかは　今　この手の中にある

晴れわたった　こんな日は　いつでも　思い出す
飛ぶように　駆けぬけた　遠い日の　僕らのことを

こころは　今も　あの時のまま
思い出に　そして　君に
だから　さよならは　言わない

ずっと　ずっと　楽しかったね

晴れわたった　こんな日は　いつでも　思い出す
飛ぶように　駆けぬけた　遠い日の　僕らのことを
たとえ　このまま　会えないとしても
思い出に　そして　君に

きっと　さよならは　言わない
決して　さよならは　言わない

第7章 ソロ活動への決心

――ドラマ主題歌の爆発的なヒット

「ラブ・ストーリーは突然に」（作詞・作曲　小田和正　一九九一年）

何から伝えればいいのか　分からないまま時は流れて
浮かんでは　消えてゆく　ありふれた言葉だけ
君があんまりすてきだから　ただすなおに　好きと言えないで
多分もうすぐ　雨も止んで　二人　たそがれ
あの日　あの時　あの場所で　君に会えなかったら

僕等は　いつまでも　見知らぬ二人のまま

誰かが甘く誘う言葉に　もう心揺れたりしないで
切ないけど　そんなふうに　心は縛れない

明日になれば君をきっと　今よりもっと好きになる
そのすべてが僕のなかで　時を超えてゆく

君のためにつばさになる　君を守りつづける
やわらかく　君をつつむ　あの風になる

あの日　あの時　あの場所で　君に会えなかったら

僕等は　いつまでも　見知らぬ二人のまま

今　君の心が動いた　言葉止めて　肩を寄せて
僕は忘れないこの日を　君を誰にも渡さない

君のためにつばさになる　君を守りつづける
やわらかく　君をつつむ　あの風になる

あの日　あの時　あの場所で　君に会えなかったら
僕等は　いつまでも　見知らぬ二人のまま

誰かが甘く誘う言葉に　心揺れたりしないで

君をつつむ　あの風になる
あの日　あの時　あの場所で　君に会えなかったら
僕等は　いつまでも　見知らぬ二人のまま

⁂

――オフコースというグループから一人になられて、その心持ちはどうだったのでしょう?

心持ちといっても、積極的に一人になったわけじゃないからね。もちろん、最後は自分の意思でなったんだけど、もっと根本的なところでは、自分一人でやりたいと思ったわけじゃないし。

それ以前に、一人でやっていけるという確信もなかったからね。バンドで音をつくってきて、それ以外でやったことがないわけだから、どういうことになるのかなという感じでしたね。

――いままでにない領域に足を踏み出したということですね。

まさに、何から何まで。みんなでお互いに協力しあってやってたから、何から始めていいのかわからないっていう感じだったね。

――小田さんが個人事務所を設立されたときの挨拶状に意思表明が書いて

ありますので、ちょっと読ませていただきますね。

理想を後回しにせず、いつも期待し期待され、やったねと言える仕事を、一つ一つ積み重ねてゆきたいと思っています。
小田和正

うん。若いですね。すばらしいね（笑）。

――このときの思いは覚えていますか。

書いてあるとおりだと思うな。それこそ、根拠もないし、そんな立派なことができるという手段も、もちろん確信もないのに、そういう意気込みだったんだね。

「理想を後回しにせず」というのは、言い訳をしたくないということ。「いまはまだこうだから、この程度でいい」というのではなくて、最初から、理想があるのなら、できるだけそれに近いことをやっていこうと思ったんだ。

一つには、バンドのときは全員のコンセンサスが必要だったけど、もうコンセンサスはいらないんだから、どんなにそこは無理でしょっていうことがあっても、思いきって、そういう道がちょっとでもあるならいこうぜ、ということだね。

――「期待し期待され」という部分は、ほかの人たちとのつきあいを想定しているようにも受け取れますが。

オフコースのときには、まわりをいっさい拒絶して、皮肉っぽく、「オフコース城みたいなお城を」なんて言われてたから、そんなものを全部取っぱらって、みんなと交わっていったら、どういうふうになるんだろうということに、結構、興味があったんだよね。

興味があったというか、もうそれしか方法はないんだろうなっていう……。いろいろな思いが錯綜《さくそう》してたな。

――外の世界と交流し、つながりをもつようになってまもなく、大きな出来事として、テレビドラマの主題歌「ラブ・ストーリーは突然に」の大ヒットがあります。これは、どうしてお受けになったんですか。

レコード会社のスタッフから、「ドラマに使う曲が欲しいというオファーがあるんだけど」という話がきたときに、たまたま、ある曲のカップリング曲があって、「これをプレゼンしていいですか」と言われたんだ。

こっちはもう、べつに望みもないし、期待もないから、「いいよ」って返事をしたら、「向こうはいいって言ってます」と。「あれでいいんだ」と思いつつ、「ところで、どんなドラマなの?」って聞いたら、内容も知らずにもっていったというような話でね。

それで、いろいろ聞いたら、「じつは、『Yes - No』の延長線上にあるような曲が欲しかったんですが、これでも十分いいです」という返事が返ってきたわけですよ。

そのときに、「なんだ、本当に欲しかったのは、これじゃないんじゃん」と思って、「じゃあ、書くよ」と言ったんだよ。時間がどれくらいあったか覚えてないんだけど、たまたまアイデアを一つもっていたから、「じゃあ、これで書いてみよう」と思ったんだよね。

――「ラブ・ストーリーは突然に」は二七〇万枚の大ヒットとなり、当時のCDの最高売り上げ記録を書き換えました。

一人になってから、ほんの一、二年くらいの出来事だったのかな。みんなびっくりしたね。

みんながびっくりして、どうなのこれ、って言って。だから、ちょっとごほうびが早すぎたなと思ったの。このヒットに足下をすくわれたりしちやいけないなという気持ちがすごくあった。

スタッフにも、「これはたぶん、まぐれ当たりみたいなもんだから、こんなときこそ謙虚な気持ちで臨もう」と言ったし、そんなことを、すごく事務所で話しあったね。

第8章 曲をつくる

――メロディ、そして歌詞が生まれるとき

「キラキラ」（作詞・作曲　小田和正　二〇〇二年）

ゆらゆらゆら　心は揺れる　キラキラキラ　時はかがやいてる
いま　もういちど約束する　決して　君のことを裏切らない

遠くに見える　その夢を　まだあきらめないで
かならず　そこまで　連れて行くから

ためらうその気持ちも　すべて　この手に渡して

出会えてよかったと　言える日がきっと来る
ゆらゆらゆら　心は揺れる　キラキラキラ　時は　かがやいてる
いつの日にか　また戻れるなら　その時　帰りたい　この場所へ
せつない思い出は　ふたり　重ねてゆくもの
また来る哀しみは　越えてゆくもの
今はただ目の前の　君を抱きしめていたい
明日の涙は　明日流せばいい
この愛はどこまでも　ずっと続いて行くから

明日のふたりに　まだ見ぬ風が吹く

Uh　こうして今が過ぎてゆくなら　もう　語るべきものはない
いつしか　眠りについた君をみつめれば
キラめく星は　空にあふれてる

今はただ目の前の　君を抱きしめていたい
明日の涙は　明日流せばいい

今だから出来ること　それを決して　忘れないで
この時　この二人　ここへは戻れない

この愛はどこまでも　ずっと続いて行くから
明日のふたりに　まだ見ぬ風が吹く

⁂

――小田さんの曲づくりについてお聞きしたいのですが、まず、コード進行を決めていくのでしょうか。それとも、いきなりメロディが出るんでしょうか。

いろいろな時代があって、曲は楽器をもたずに書こうと思って、ある程度、自分の頭のなかでできるまではコードを弾かないようにしようとかね。

コードを弾くと、すぐ決まってきちゃうからね、メロディが。だから、おれは、コードに流されないでメロディだけつくっていくのは強いと思うんだよね。

――素人《しろうと》には、曲づくりというと、やはりメロディから一生懸命考える感じがありますが……。

コードを弾くと、たいてい、コード進行の印象に流されるんだね。それで、うまくはまっちゃうから突き詰めきらない。でも、ポール・マッカートニー（ビートルズの元メンバー）なんかは、端からコードと、よくありそうでとってもユニークでオリジナリティのあるメロディを一気につくる。まわりの人はつくっているところを見たことがないから、「一気につくる」なんて勝手に言うんだけど、そういうのをやってみたいなと思うよね。よくみんな、テープレコーダーをまわしといて、自分でメロディを歌って録《と》っておくじゃない。あれ、やったことないんだよ。おれは必ず、譜面だから。たしかに、やっているときに、いまのよかったな、何だったっけ、録っておけばよかったなっていうことはあるね。逃がした魚はとっても大きいと思っちゃうから。

――歌詞はあとからメロディにつけていくんですか。

たいてい。九割九分、あとからだね。

――小田さんの歌詞の特徴の一つが、「あの日、あの時、あの場所で」というように、指示代名詞が多いことですが、これは何かねらいがあるのでしょうか。

ねらいというか、聞く人それぞれがそこで膨らませてくれるものって、すごくあるじゃない？　それは人によって違うし、それが幅をもたせてくれたり、行間をつくってくれたりするという役割があるわけだね。

それに、そういう言葉は、音としてとっても響きがいいんだよな。ぎくしゃくしないんだよ。音楽に乗った言葉としては、曖昧な言葉でも、とっても強くなることが結構あるんだよね。

変な、とってつけたような言葉を探してきたり、めずらしい言葉を使ったりするよりは、ありふれた言葉のほうが強いときが多々あるということだね。

――たとえば、「ラブ・ストーリーは突然に」のなかの、「あの日、あの時、あの場所で」というのは、すっと出てきたフレーズですか？

あの曲はサビが全部、三連符でできてるんだけど、いつか三連符で曲を書こうというアイデアがあったわけ。よし、じゃあ、ここのサビで使ってみようと。印象的だからね、タタタタタって。それで、これはぴったり三連符にあわせないと力がフルに発揮できないだろうなと思ったの。せっかくの三連符だから、ぴったりくるフレーズを探さなくちゃいけないと。そしたら、「あの日　あの時　あの場所で君に会えなかったら」が見つかったから、ああ、これいいなと思って。べつに分析するわけじゃないけど、二番の頭のところを、もう一回、サビで使ってやろうと思ったら、「誰かが甘く誘う言葉に心揺れたりしないで」ってぴったりあったんだ。思わず、自分で手をたたいちゃった。

ほんと、ああ、もう、この三連符でここが歌われるように待っていたんだなと思って。ピタッとあったんだもん。

——でも小田さん、「ラブ・ストーリーは突然に」もそうですが、われわれは、カラオケで歌おうと思っても、原キーではほぼ歌えないんですよね。

歌えないよね。あれはサビはもちろん高いけど、いま言った、「誰かが甘く」という最初のところも結構高いんだよね。おれはライブで無理して歌ってるけど、リハーサルのときなんか、ちょっと調子悪かったりすると、「高いな、これ。歌えるのか」って思ったりする。

でも本番になると、スポーツと同じで相当アドレナリンが出るんだね。ふっとみんなの顔見て、どうだ、っていう感じで歌えるんだよね。みんな、オリジナルに近い感じで聞きたいわけでしょう。その期待は裏切りたくないから、もし声が出なくなったら、音を下げないで、潔《いさぎよ》く身を退《ひ》いたほうがいいかなって、そっちの思いのほうが強いね。

第9章 自分をさらけ出す

——映画製作を通して広がった世界

――小田さんは活動の幅を広げ、CMソングのほか、ジャンルを超えた創作として、一九九一年に「いつか　どこかで」という映画を製作します。オフコース時代から、ライブのときに映像を流したり、プロモーションビデオの撮影に取り組んだりしていましたが、本物の映画を撮ることになったのは、どうしてですか。

どうしてなんだろう。まず、映画が好きで、というよりも映画音楽が好きで、最初は「ムーン・リバー」みたいな映画音楽の仕事につけたら楽しいだろうなというところから始まったんだね。

――みずから監督を務め、脚本や音楽も書き下ろすという、一人三役をやり遂げたわけですが、実際にやってみた感触はどうだったんですか。

いろいろなものを書いたりして、それを合わせてこういうふうにするっていう作業が好きだったから、そういう準備をするのは苦ではなかったね。

――俳優さんたちへの演技指導もされたんですよね？

津川雅彦さんとかにね。あの津川さんに対して、お前が演技指導なんか、どの面《つら》下げてやるんだって。自分なりにいろいろ準備はしたんだけどね。現場のスタッフ、映画のスタッフというのは、みなさんなかなか個性の強

1991年、第1回映画監督作品「いつか どこかで」を製作。翌92年2月にロードショー公開されたが、映画評論家の評価は芳しいものではなかった。97年、第1作の経験をもとに、「歌手である主人公が映画製作に取り組む」という脚本で第2回映画監督作品「緑の街」(98年公開) のメガホンをとった。

「いつか どこかで」の撮影現場では、「お前が演技指導なんか、どの面下げてやるんだ」という周囲の冷ややかな視線のなか、名優・津川雅彦さんに臆することなく演技指導を行った。

い、思い入れの強い人たちで、そういう人たちが骨身を削ってつきあってくれるわけです。彼らにしたら、こいつ、何もないな、みたいなことだったんだろうね。それがつらかった。自分は何もないとは思ってないんだけど、たしかに、スタッフに応えられるだけの器量はない。それで、現場がだんだんつらくなって……戦いだったですね。

——映画のスタッフのそういう態度なり、視線なりが、わかるわけですか。

それはわかるね。それでもみんな、だからといって手を抜くわけじゃない。一生懸命、一生懸命やってくれる。ただ、できたあとにいろいろ言われて、それはそれで散々でね。

――いわゆる評論家の方々ですね。

評論家のみなさん。本当に多くの方たちにいろいろ言っていただいて、それに対して言い訳できる材料がこっちにはないし。

――正直なところ、ショックですよね？

もう、本当にね。自分の人格をまったく否定された。お前は何者だっていう、たぶんそういう感じだったんじゃないですかね。それでもなんとか挽回《ばんかい》しなきゃ、早く挽回しなきゃって思ったね。どこが間違っていたのかということで、二作目をつくったんだね。

――一作目公開から五年後の一九九七年、ふたたび、「緑の街」という映画づくりに臨むわけですね。物語は、歌手である主人公が映画をつくるというもの。おもしろいなと思ったのが、一作目の製作現場の出来事を取り込んでいるところですが、あの発想はどこから生まれたのでしょう。

あるとき、いろいろないきさつがあって、プロゴルファーの青木功さんのキャディをやったのよ。それをドキュメンタリーで撮って、テレビ番組にして放映したんだ。そしたらね、自分が音楽をやって、映像的なこともやってきたなかで、いちばん反響が大きかった。何だよ、キャディかよと思って（笑）。

――一九九四年に、テレビ東京で放映されたドキュメンタリーですね。な

〝世界の青木功〟のキャディを務めるという異色のテレビ番組「キャディ　青木功／小田和正〜怒られて、励まされて、54ホール」を製作する。はじめは「僕、勝たせますよ、青木くん」と余裕だったが、いざ試合が始まると、失敗の連続。パターを忘れたり、青木プロに「入れなさい、すぐ、クラブを入れんの」と言われたり、「ほらパター出す。見とれてちゃだめ」「ポケットに手突っ込んで見にいっちゃだめ」と何度も叱られるが、そのドタバタぶりが視聴者に大好評だった。

んと、全米シニア・ツアー公式戦で、世界の青木功のキャディにつくという企画でした。はじめは余裕綽々《しゃくしゃく》だった小田さんが、いざプレーが始まると失敗の連続で、青木さんに何度も叱られるというシーンが流れました。まさに、小田さんが等身大の自分をさらけ出し、体当たりの挑戦をしたという印象でしたが……。

テレビで放映されたあとに、街を歩いていたら、「あんた、見たわよ」とか、「おもしろかったね」とか、知らない人が驚くほど話しかけてきたのね。そしたら、そんなにおもしろかったのかい、と思って。

内容的には結構ドタバタで、おれが青木さんにマジで怒られたりするところがとってもおもしろかったんだろうね。見ている人はこういうのがおもしろいんだ、と。自分が実際に経験したドタバタというか、臨場感のあることがお客さんには届くんだなと思ったんだね。

——ふつう、失敗したこととか、叱られたこと、恥ずかしいことは隠したいと思うのですが、それをあえてさらけ出したのは……。

あまり抵抗がないんだよね。失敗を見せることには抵抗はないな。なんでか知らないけれども。滑稽《こっけい》なのは人が喜ぶし、親近感もわく。たとえば、ピアノでイントロをやって間違えたとき、「あ、間違えちゃった」と言うと、お客さんがすごい喜ぶんだよね。そういうような局面もいっぱいあって、キャディのときもそうだし、おれがどじってると、みんなが喜ぶというような。

オフコース時代には、自分でかっこつけようと思ったわけじゃないけど、でも、そういうところはいっさい出さないでかっこつけて、すかしちゃってる感じのところで戦ってたんだね。

――途中から、小田さんの普段着といいますか、そういうあり方がテーマになっているような気がするのですが。

テーマというか、それを見せたいっていう気持ちのほうが強いよね。これがぼくの等身大ですって見せることが、自分のパフォーマンスだったのかなという。たとえば、よその仕事に行くときに、事務所の人たちがいっぱいついていったりするじゃない。でも、おれは、できるだけ少人数で行きたい、そうありたいなって思ってるわけ。

「ぼく一人で来ました」「あれ、スタッフの方は?」「いや、いないです」っ

てね。うん、そういうのが好きだね。等身大っていうのは、おれにとって
そういうことだな。難しいことじゃなくて。

第10章 ファンの思いに応えたい

——交通事故で変わった人生観

――一九九八年、小田さんはアーティスト生命の危機ともいえる交通事故を経験します。鎖骨と肋骨三本を骨折。首の骨がずれ、神経を圧迫する絶対安静の重症だったとうかがっています。

あのときは、たしかに九死に一生でした。よくまあ、助かったなと思うけど、あとになって、「ああ、あのとき、たしかに死んじゃっててもおかしくないくらいの事故だったんだろうな」と思ったね。「あのとき死んじゃってたら、あの曲も、この曲もつくってなかったということか」って、そんなふうに思ったりしましたね。

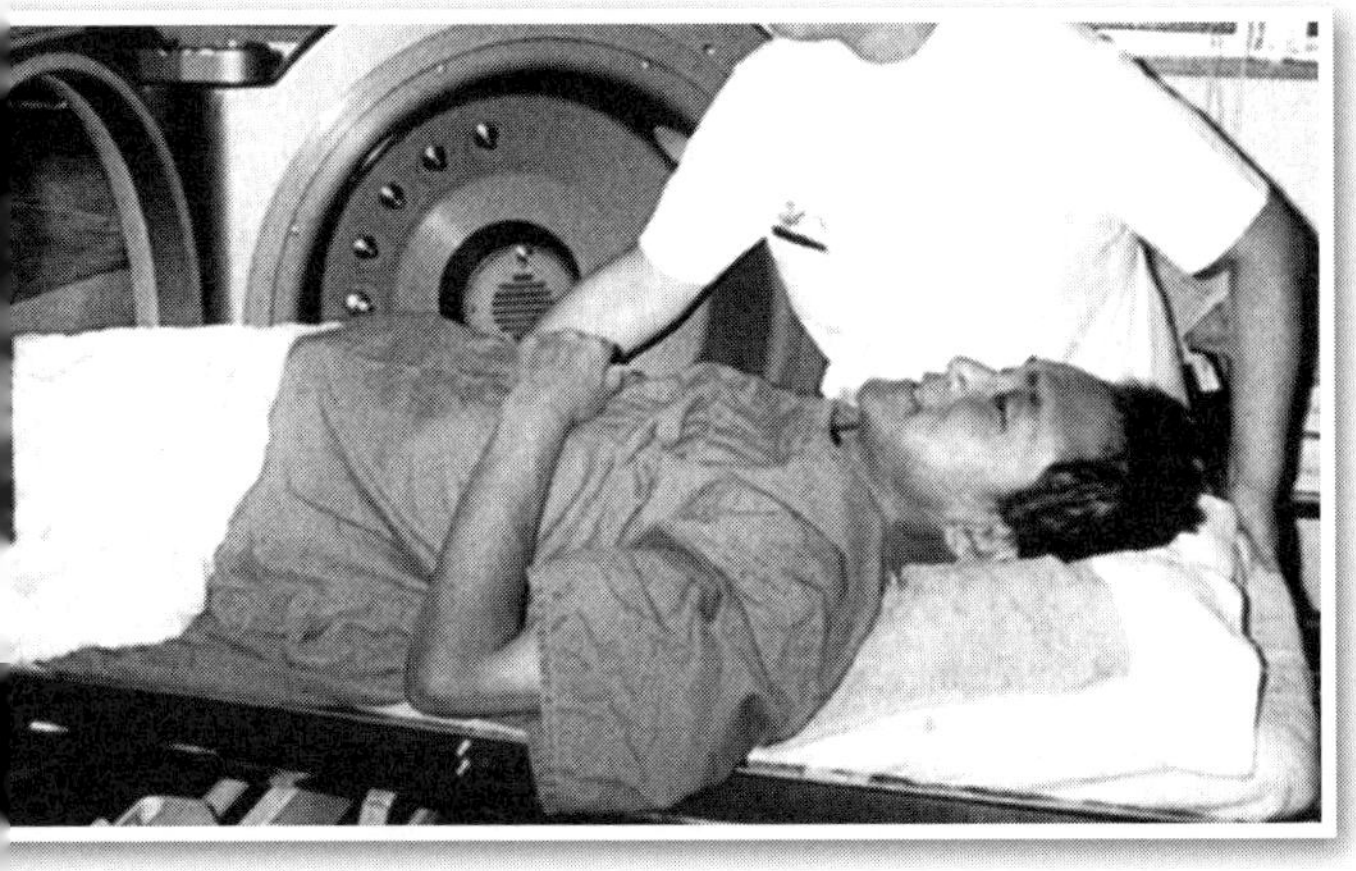

1998年7月22日夜、ゴルフコンペ会場へ向かうため東北自動車道下り車線（栃木～鹿沼インター間）を走行中、雨で車がスリップし、道路左側のガードロープに激突。その衝撃で車は追い越し車線まで弾かれ、みずからも後部座席に飛ばされるが、九死に一生を得る。

――その事故をきっかけに、ちょっと大げさに言うと、人生観が変わったということはありますか。

ファンの人たちが心配してくれて、「とにかく生きていてくれただけでよかった」という手紙とかをいっぱいもらって、びっくりしたんですよ。「ああ、生きていてくれてよかった、生きていてくれただけでよかった」っていうね。身内の人なら、「ああ、お前、助かってよかったよ」って言うのはわかりますけど、身内でもない人たちがね……。

結構、感動しました。ああ、そんなふうに思ってくれるんだって。そのときにはじめて、「ああ、こんなふうに思ってくれるんだから、喜んでもらわなきゃ」って。それまであんまりそんなふうに考えたことはなかったんだけど、そこではじめて、そういう考え方になったんだね。

それで、どうしたら喜んでくれるのかと考えていたとき、お客さんの近くへ物理的に近づくと、とっても喜んでくれることがわかった。ちょっと客席に下りてみたりすると、本当に喜んでくれて、みんな、「あ、こんなに喜んでくれてる」ってわかる笑顔なんだよね。

――大ケガから回復して、「観客にもっと楽しんでほしい！　ファンにもっと近づきたい！」という思いから、小田さんはコンサート会場に「花道」（ファンに喜んでもらうために、みずから発案したコンサート演出）をつくってファンを驚かせました。花道が最初に登場したのが、二〇〇〇年、横浜・八景島シーパラダイスでのカウントダウンライブでしたね。

花道をつくって、歌いながら歩いていったら、本当にお客さんが嬉しそうな顔してるんだ。ああ、喜んでもらおうと思ったけど、こんなに、こんなに笑顔になるんだって。

――花道に出ていくと、ファンとの距離はかなり近いですよね。小田さんとしては抵抗はなかったんですか。

ファンの思いに応えるため、客席に設《しつら》えられた〝花道〟を、歩き、走る。

つねに全力で〝花道〟を駆け抜けている。

図々しくなったんだね、どっかから。昔だったら恥ずかしくて、なんか照れくさいしね。それが、とっても素直に手なんか振っちゃって(笑)。だから、おれを昔から知っている、たとえばほかのアーティストが見たら、「なんだ、あいつ、どうしちゃったんだ」みたいな感じだろうな。

――花道だけではなくて、通路まで下りるときもありますよね。本当に近いところで、みなさんがちょっとさわってきたりしませんか。

さわってきますね。ああ、それはさわりたいんだろうなあと思うから、できるだけ腹を立てないようにして(笑)。昔は、やっぱりシャイだから、手を振って歌うなんてことはありえなかったんだけど、どうしてそれがで

きるようになったのかなって思うよ。やっぱり、「生きていてくれてよかった。生きていてくれただけでよかった」という言葉がすごい残ったんだろうね。うん、素直になれたのね。

――ファンの心をくすぐる仕掛けとして、小田さんがコンサートの開催地をめぐり、地元の人たちとふれあうシーンを撮影して会場で流す「ご当地紀行」があります。まさに〝素〟の小田さんが見られるので、いまやファンが待ち望む定番の演出になっていますが、ああいうことをやろうという境地になったのはどうしてなんでしょうか。

境地、うん、そうだね、境地と言ってほしいね（笑）。そもそもは、そのライブのために自分がいるんだという証《あかし》みたいなものを残したい、それをみんなと共有したいということだね。「お前のところに来ているよ、いま」っていうのをね。

「サンキュー東京！」とか言うアーティストもいるけど、おれは言わないから。でも、もし外国のタレントが日本に来て、そのへんの街を歩いて、それをステージ上で映して、「今日、ここへ行ってきたぜ、ベイビー」とか言ったら、すごく嬉しいんじゃないかなと思ったの。「ああ、あそこに行ってくれたんだ」ってね。

そうしたら、僭越《せんえつ》ながら、もし自分が本当にみんなが住んでいそうな街角や行きそうな喫茶店に行って、それを見てもらったら、「ああ、来てくれたんだな」って喜んでもらえるんじゃないかなと思ったんだ。スタッフも、「ああ、おれたち、いまここにいるんだな」って、見てわかってくれるしね。

でも、まあ、なんといっても、自分なんだろうな。なんだかんだ言ってるけど。自分が、この時期、この年齢であちこちに行ってきたというものを、その証を残したいというね。それから、このライブは、ここでしかやってないよ、この日しかやってないよというふうにしたいんだろうな。

――「ご当地紀行」を見ていますと、ほぼ毎回、階段を上ってますね。なぜ、こんな負荷をかけるんですか。

「ご当地紀行」をやるってこと自体、負荷をかけているからね。いじめたり、無理したりすることによって、なんだかすごくエネルギーが出てくるんだね。「こんぴらさん」なんかも、つらいんだよ、階段上がるの。つらい思いをして、山を登るからね。どうして、コンサートに来て、こんな山奥にいるんだろうみたいなね。でも、それはそれで、またおかしくて。

それなら上れるうち

横浜2日目のご当地紀行

WHITE
神戸です

沖縄へやってまいりました

福島の朝は思いのほか寒いです

札幌です

高松駅
高松にやってまいりました

福岡です

それに、一生懸命やってるな感は自分にもあって、お客さんもそのバカバカしさを笑ってくれる。「こんぴらさん」を上っているの見て、見ているうちに、一緒にどこか疲れて笑ってね。うん、つらいけど、楽しいんだよ。

――つらいけど、楽しい……そういうものですか。

楽したものは信用できないっていう、そういうところがあるんだね。逆に、つらい思いをして、通りすぎてきたものは信用できるっていう。

優秀な人は、そんなつらい思いをしなくても、さっとやってできるわけだから、それでいいんだけど。おれは、そういう経験、あんまりないからさ。なんだかうまくいったなと思うことは、全部、つらい思いをしたあとだったから、つらいことは信用できるな、というところがあるんだよね。

第11章 音楽の力を信じて

——災害を乗り越え、国境を越え、世代を超える

「その日が来るまで」（作詞・作曲　小田和正　二〇一三年）

午後から　突然　風が変わった
子どもたちの声が　空に響く

やわらかな日射しは　君をつつんで
その腕に　抱えきれない　春が今　届いた

君が好き　君が好き

それを伝えたかったんだ
遠くから　ずっと　君を思ってた

いつか　その日は　きっと来るから
時はやさしく　流れるから

雪が溶けてゆくみたいに　今はそのまま
ゆっくり　ゆっくり　元気になって

君が好き　君が好き
それを伝えたかったんだ
遠くから　ずっと　君を思ってた

君の好きな　ふるさとの街に　また
あの日々が　戻って来ますように

嬉しいことが　楽しいことが
たくさん　待ってるといいね
ボクには歌うことしか　できないけど

君が好き　君が好き
それを伝えたかったんだ
遠くから　ずっと　君を思ってる

⁂

――二〇一一年三月十一日に起こった東日本大震災のとき、小田さんはツアーに向けてのリハーサル中だったと聞きましたが。

そうですね。東京にいて、いや、これはただごとじゃないなと。

――あのときは、控えていたツアーを一時やめるという決断をしますね。それは、どういう気持ちからだったんですか。

とてもとても、歌なんか歌っている場合じゃないだろうと。音楽なんか、何の助けにもならないと思ったんです。なんだかもう自虐的な感じで、音楽なんて平時《へいじ》にしか役に立たないのかと。嗜好品《しこうひん》みたいな、そういうレベルのものだったのかという気持ちだったですね、ずっと。それでも、だんだん、だんだん、「ああ、歌うっていうことはもしかして、力になるのかもしれない」というふうに思っていって、やっぱり、やろうっていう気持ちになったんだね。

——そのきっかけは何だったんですか。

これというきっかけはなかったと思うな。ただ、だんだん、だんだん、自分は、うん、歌うべきなんだっていうね。

それで、コンサートを重ねるごとに、「ああ、これでいいんだ、きっと届く」みたいなことだったですね。それでも、そこに向けて曲を書こうという気はなかなか起こらなかったですが。

――そして、震災の翌年に東北ツアーに出ますね。

そのときは、「その日が来るまで」という曲をようやく書いて、「絶対、お前が泣いてる場合じゃないんだぞ」と自分に言い聞かせて、そういう思いで、もうニコニコして終わろうっていうくらいの気持ちでいたわけ。「お前が泣いてる場合じゃない」って言い聞かせていたのに、やっぱり、どうにもね。それが何か、申しわけないというような思いのなかで歌いましたね。

——でも、会場のみなさんは、やっぱり待っていてくれた。

待っていてくれたというか、こうやってコンサートに足を運んでもらえた、歌を歌っていてよかったなという気持ちだったですね。

——東日本大震災後、多くのアーティストが自分自身の表現を問いなおしたといいます。こういうときのアーティストの役割として、真っ先に何かしなければならないという話もありますが、小田さんはどうお考えですか。

できることで喜んでもらえることは、やるべきだなと思います。ただ、無理してやるものではないと思いますけどね。素直な気持ちで、できることをやる。おれの勝手な思いとしては、喜んでくれる、必ず喜んでくれると信じています。

――小田さんはアジアツアーもやっていて、二〇〇五年十一月、アジアツアー二回目の訪問となった台湾で忘れられない体験をしたと聞いています。

アジアツアーでは、シンガポールや香港、台湾などに行ったんだけど、どの国に行っても、すごく温かく迎えてくれたね。台湾のお客さんは、とっても親日の人が多くてね。ＭＣを中国語でしようと思って、一生懸命、覚えて、それから歌も、一曲だけだけど「君住む街へ」を北京語に訳してもらって練習していったんだ。

最後に、いろんな思いがこみ上げて、おれが歌えなくなったら、お客さんがワーッと歌ってくれてね。そのライブは、数ある自分のライブのなかでベストいくつかに入るくらい感動しましたね。

――いろいろなアーティストが、「音楽は国境を越える」、あるいは、「いや、越えない」と、それぞれに意見を言いますが、小田さんはどうお考えですか。

おれはね、簡単には越えないよ、そんなに甘いもんじゃないよって思っています。基本的には越えないよね。その基本的じゃない何かが加味され

2005年11月のアジアツアーで訪れた台湾でのライブで感極まると、客席から温かい歌声が沸き起こった。

たときに、はじめて越えていく。つながったなっていうときに、はるかに越えていくね。

⁂

「君住む街へ」（作詞・作曲　小田和正　一九八八年）

そんなに自分を責めないで
過去はいつでも鮮やかなもの
死にたいくらい辛くても
都会の闇へ消えそうな時でも

激しくうねる海のように
やがて君は乗り越えてゆくはず

その手で望みを捨てないで
すべてのことが終わるまで
君住む街まで　飛んでゆくよ
ひとりと　思わないで　いつでも

君の弱さを恥じないで
皆んな何度もつまづいている
今の君も　あの頃に

負けないくらい　僕は好きだから

歌い続ける　繰り返し
君がまたその顔を上げるまで

あの日の勇気を忘れないで
すべてのことが終わるまで
君住む街まで　飛んでゆくよ
ひとりと　思わないで　いつでも

雲の切れ間につき抜ける青い空
皆んな待ってる　また走り始めるまで

その手で心を閉じないで
その生命が尽きるまで
かすかな望みが　まだその手に
暖かく残っているなら

……忘れないで
すべてのことが終わるまで
君住む街まで　飛んでゆくよ
ひとりと　思わないで

あの日の勇気を忘れないで

すべてのことが終わるまで
君住む街まで　飛んでゆくよ
ひとりと　思わないで　いつでも

⁂

——ところで、二〇〇一年から始まった年末の音楽番組「クリスマスの約束」は、根本要《かなめ》さん（スターダストレビュー）、スキマスイッチ、水野良樹さん（いきものがかり）といった世代を超えたアーティストたちが集まり、長く続いています。そもそも、小田さんはどういう思いがあって始めたのでしょうか。

おれの思いがあって始めたわけじゃなくて、まずはテレビ局が、番組で「さよなら」を歌ってほしい、ということから始まったんだと思う。でも、そんな気はさらさらないから、「いや、そういう気はないです」と言って断ったら、いままでなかったような音楽番組を一緒にやりませんかと、かたちを変えてきた。それならちょっとおもしろいかなと思ったんだね。

それで、一緒に考えていくうちに、おれはちょっと理屈っぽいから、エンターテインメントするにしても、その向こう側に何かがあったほうがいいんじゃないかということになった。大義名分が好きだからね。

そして、曲を選んで、そのアーティストに、「この曲はとてもいい曲だと思います。あなたと一緒に演奏して、そのすばらしさを見ている人に伝えたい」という手紙を書いて、一緒にやってもらおう、そういうことでスタートしたんだ、そもそもは。

――でも、最初はどなたも来なかったと聞いています。

そうそう。テレビに出たがる人じゃない人ばかりを選んだからね。

――それが回を重ねるごとに、少しずつ……。

回を重ねるといっても、まず、回を重ねるつもりがなかったから。まさか、こんなに続くとは思わなかった。そうして、何回目かに、それまで呼んだけど来てくれなかった人のうちの何人かが来てくれたりして、そこでもう決着したから、これでいいよねって、やめようと思ったんだけど、さらに続いていまにいたるわけだ。

――あの番組を通じて、小田さんと若手のアーティストたちとのつながりがかなりできましたよね。

そうだね。あの番組がなかったら知り合うこともないし、接点なんかないからね。本当にふつうに、彼も知ってる、彼らも親しいっていうのがとっても不思議だよね。それは本当によかったなと思ってるね。

――はじめて会うアーティストも含めて、彼らとふれあうなかで小田さんが得るものは何でしょうか。

得るものね……。まず、彼らと話していると、自分が老い先短いってことを忘れるよね。同じような年齢で、一緒に何かやってるような錯覚に陥る。それが得るものなのかどうかはわからないけど。なかなか貴重な、一緒に考えて、一緒につくっていくという場だからね。

――リハーサルもものすごく重ねると聞いていますが、若手のみなさんは嫌がらないですか。

嫌がってるんじゃないの？（笑）若手はおしなべて、覚えたり、身についたりするのが早いのよ。でも、こっちはもうそうじゃなくても遅いから、さらに、さらにさらに予習しないといけない。

それで、もう本番が近くなって、おれは結構な時間をやってきたけど、みんな忙しいからあまり時間がないのに、最後、間に合うのかなって思ってたら、最後の何日間でウワーッときて、おれが抜かれていくっていうね。そういうことの繰り返しで、若いっていうのはすごいなと思うし、おもしろいね。

この歳になってから、若いみんなとしゃべったりするわけだけど、おもしろいのは、曲をどうやってつくるんだとか、そういう話で結構、みんなマジになる。これは本にしたらおもしろいだろうなっていう話をいっぱいするんだ。本当に興味深いんだよ。

――いろいろな年代の人が出ていますが、もめたりしないんですか。

もめたりはしてないですね。そういえば、吉田拓郎をゲストに呼んだと

2013年12月25日放送の「クリスマスの約束2013」(TBS)で、1970年代の日本の音楽界をリードしてきた一人、吉田拓郎さんとのステージが実現。二人が歌う「落陽」に拍手が鳴りやまなかった。
(写真提供＝TBS)

きは、いつ「もうやめた」って言うかわからないなという不安があったりしたから、楽しくやってもらって、ご機嫌で呼び込みたいなという気持ちがあったんだけど、もうすごく喜んでやってくれてたから、本当に嬉しかったね。ああいうときの嬉しさっていうのは、特別だね。

エピローグ

時はきっと待ってくれる

――夢を求めつづける人に

――小田さんはデビューから五十年近くになりますか。二〇一七年の夏にも、また新しい曲を出していますが、小田さんがここまで続けてこられた理由は何でしょうか。

うん、どの曲をふりかえってみても、やっぱり音楽が好きだったんだなと思うな。音楽をやることが、とっても楽しかったんだと思う。それにつきるもんな。

――小田さんは、つねに走りつづけて、キーを下げることもなく何曲も歌いつづけます。この意志の強さみたいなものは、どこからくるのでしょうか。

それも流れのなかでやってるだけで、どうしてそんなに走って、高い声を張り上げて歌って、無理するんだって言われても、自分では無理をしているとは思ってないよね。うん。無理はしてないな。

ただ、さっきのアジアツアーにしても、もちろん日本でも、おれを待っている人がいるっていうのかな。いまは、「ああ、待ってるんだろうな」っていう気持ちが、すごいするのね。

コンサートが始まる前、ステージに出ていく前にソデにいると、観客の手拍子が始まったりするじゃない。そんなときに、「ああ、みんな待ってたんだな。待ってたんだ、よっしゃ」って、そういう気持ちになるね、いまは。

――小田さんは、ライブに取り組むときに「楽しくやりましょう」とおっしゃいますね。今回のインタビューの際にも口にされましたが、その心は、どういうものでしょうか。

いま、おれが楽しいというのは、やっぱりみんなでやって、完成して、それで喜びを分かちあう、これにつきますね。一人では楽しくない。だから、お客さんだったり、スタッフだったり、ほかのアーティストだったりが、「ああ、つながったな」って、お互いに共通の喜びを分かちあったときに楽しいと思えるんだ。いまは、それがすべてだね。それが楽しいね。

――小田さんは、今回のツアーが最後だとか、このシングルが最後だということは、いっさいおっしゃいませんね。

言わないね。何周年というのも、いっさい言わないけど。

――そして、これはあまり聞きたくない質問でもあるのですが、小田さんのなかには引退のイメージというのはあるんでしょうか。

そこはね、へへへって、「へへへ」って書いておいてください（笑）。そんな感じですね。

――今回、「100年インタビュー」のテーマとして、小田さんに「時は待ってくれない」という言葉をあげてもらったわけですが、この言葉にはどんな思いを込めていますか。

うん、「時は待ってくれない」なかで、目いっぱい走ったということかな。

——でも、「time can wait」という曲には、「時は待ってくれる」という歌詞が出てきます。「夢を追いかける人のために　時は待ってる」という……。

曲は書いたんだよ。それはね、自分のなかでニヤッとしてたんだけど、本当にがんばろうと思っている人には、「時はきっと待ってくれるよ」っていう、そういうオチをつけたかったんだな。

時は待ってくれないからといって、どんなに焦っても、減るもんじゃないでしょ。「時は待ってくれないから、急げ」ということよりも、何かを一生懸命やろう、何かをスタートするということが大事なんだ。

そういう人たちには、時は必ず待ってくれる。だから、とにかくがんばるんだということです。

——それは夢を求めて、理想を求めて、やっているからということですか。

うん。本当に心からやりたいなと素直に思うことがあるならば、時はきっと待ってくれるね。

⁂

「たしかなこと」（作詞・作曲　小田和正　二〇〇五年）

雨上がりの空を見ていた　通り過ぎてゆく人の中で
哀しみは絶えないから　小さな幸せに　気づかないんだろ

時を越えて君を愛せるか　ほんとうに君を守れるか
空を見て考えてた　君のために　今何ができるか

忘れないで　どんな時も　きっとそばにいるから
そのために僕らは　この場所で
同じ風に吹かれて　同じ時を生きてるんだ

自分のこと大切にして　誰かのこと　そっと想うみたいに
切ないとき　ひとりでいないで　遠く　遠く離れていかないで

疑うより信じていたい　たとえ心の傷は消えなくても
なくしたもの探しにいこう　いつか　いつの日か見つかるはず

いちばん大切なことは　特別なことではなく
ありふれた日々の中で　君を

今の気持ちのまゝで　見つめていること

君にまだ　言葉にして　伝えてないことがあるんだ
それは　ずっと出会った日から　君を愛しているということ

君は空を見てるか　風の音を聞いてるか
もう二度とこゝへは戻れない
でもそれを哀しいと　決して思わないで

いちばん大切なことは　特別なことではなく
ありふれた日々の中で　君を
今の気持ちのまゝで　見つめていること

忘れないで　どんな時も　きっとそばにいるから
そのために僕らは　この場所で
同じ風に吹かれて　同じ時を生きてるんだ
どんな時も　きっとそばにいるから

100年後へのメッセージ

こんにちは。

ぼくは、百年ほど前、曲を書いて、歌を歌っていた、
小田和正という者です。

まず、そんなことはないと思いますが、
ぼくの曲を聞いたことがあるという人がいたら、
それはとても嬉しいことです。

もちろん、いろいろな問題はありましたけれども、
ぼくは、この時代を生きて、
とても楽しく、幸せでした。

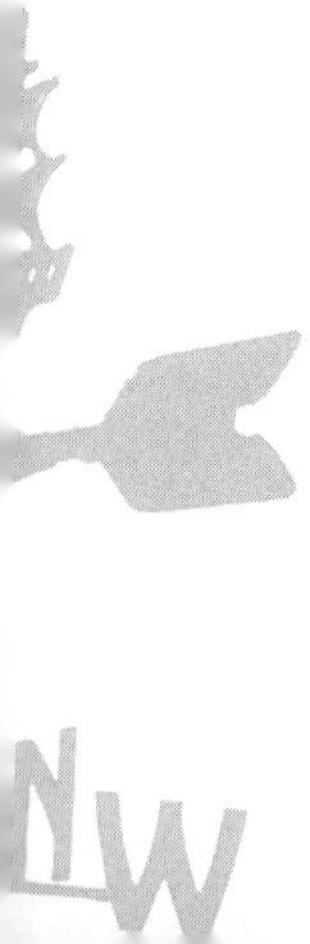

さて、ここから百年、
時代は大きく変わっていったんだと思います。
でも、たとえ、どんなに変わったとしても、
きっと空は、ただ青く、
こんなふうに、やさしい風が吹いているんだと思います。

その風を感じながら、
同じ時代を生きる、かけがえのない仲間たちと力を合わせて、
この国を、君たちの誇れる国にしていってください。
心からそれを願っています。

小田和正

＊本書は、NHK・BSプレミアムにて、二〇一七年八月十三日に放送された番組「100年インタビュー完全版／アーティスト小田和正〜時は待ってくれない〜」をもとに原稿を構成した単行本（二〇一八年五月刊行）を、文庫化したものです。内容は放送時点のものに準拠しております。

【著者紹介】

小田和正（おだ　かずまさ）

一九四七年、神奈川県横浜市出身。東北大学工学部建築学科卒業。早稲田大学大学院理工学研究科建設工学専攻（建築学）修士課程修了。

一九六九年、オフコースを結成。七〇年、プロとして音楽活動を開始。「愛を止めないで」「さよなら」「Yes-No」などのヒット曲を発表。八九年、オフコースを解散。その後、ソロアーティストとして活動開始。九一年、「ラブ・ストーリーは突然に」が二七〇万枚を超える大ヒット。二〇〇二年に発表のベストアルバム「自己ベスト」は、売り上げ三〇〇万枚を突破した。二〇〇一年から毎年十二月に「クリスマスの約束」と題する音楽番組に出演し（TBS系列）、好評を博している。

二〇二二年、全国ツアー「こんど、君と」、翌年五月から、追加公演「こんどこそ、君と!!」を実施し、全国で四五万人を動員、自らが持つ国内アーティスト最年長アリーナツアー記録を更新した。最新アルバムは「early summer 2022」（二〇二二年六月発売）、最新曲はフジテレビドラマ「この素晴らしき世界」の主題歌「what's your message ?」（二〇二三年四月配信）。

番組制作：ＮＨＫ「100年インタビュー」制作班
インタビュアー：阿部 渉アナウンサー
編集協力：株式会社ファーイーストクラブ

JASRAC 出2401475-402

ＰＨＰ文庫 「100年インタビュー」保存版
時は待ってくれない

2024年4月15日 第1版第1刷
2024年5月9日 第1版第2刷

著者 小田和正
発行者 永田貴之
発行所 株式会社ＰＨＰ研究所
東京本部 〒135-8137 江東区豊洲5-6-52
ビジネス・教養出版部 ☎03-3520-9617(編集)
普及部 ☎03-3520-9630(販売)
京都本部 〒601-8411 京都市南区西九条北ノ内町11
PHP INTERFACE https://www.php.co.jp/

制作協力
組版 月岡廣吉郎
印刷所
製本所 図書印刷株式会社

 ISBN978-4-569-90407-8